Eclats de silence

Poésie

Grégoire Kouassi FOLLY

Solara Editions

Eclats de silence

ISBN 978-1-947838-21-5

Solara Editions
New York, Paris, Cotonou

###

Couverture: Dallys-Tom Medali

###

Page web: www.livres.us
Editeur: editeur@livres.us
Auteur: folly@livres.us
Facebook: @ArtLit7
Twitter: @AfroBooks

###

À

Hônon Houssou, la mère...
pour m'avoir permis de m'écrire et de me nommer
dans la polysémie du jour

L'œil fraternel,
Assion,
Fiacre,
Parfait,

Jacqueline,...
qui veut manger la moelle du sureau
ne doit pas sucer le miel stérile d'une florule

À
Djamile MAMA GAO,
Et Fabrice OGA,
dans le labour de mon silence
repose une parole native

Vers le bas je me tourne, vers la sainte,
l'ineffable, la mystérieuse Nuit.
Le monde est loin
sombré en un profond tombeau
déserte et solitaire est sa place.
Novalis, *Hymnes à la Nuit*

Je ne donne vie
Qu'au poème qui m'aide à espérer
Fernando d'Almeida, *En attendant le verdict*

C'est ici que coulait la source des origines
la sécheresse a érodé le silex
aucune lame de couteau ne se rappelle
le passage des chasseurs
c'est au vent de redire les traces
Alain Mabanckou, *Tant que les arbres*
s'enracineront dans la terre

Liminaire

<Lettre ouverte aux buveurs de mots et de blancs>

Très chers buveurs,

Je prends l'initiative de vous serrer la main avant que vous ne buviez tous les mots et les blancs qui émaillent cette somme poétique. Mais c'est une décision qui ne fut pas du tout facile tout simplement parce que je la considérais au départ comme un risque. Risque de m'interposer entre votre puissante perception de la poésie et ma sublimation de la parole. Car, je me dis : il eût été simple de vous laisser seuls à votre curiosité, sans introduction, ni conclusion. Oui, seuls à votre entreprise de lecteur potentiel et averti, du moment où le conscient et l'inconscient vous appartiennent de droit.

Un beau risque à courir, devrais-je aussi dire, qui ne vous plaît pas plus qu'à moi. Et vous connaissez la raison de ma réticence. Simple : il s'agit de la poésie. Un terrain de relativité où chaque œil esthète ausculte le timbre des mots selon sa fréquence de captage. Je suis tenté, à raison, de dire que c'est ce qui surprend le plus dans le domaine des arts. D'aussi longtemps que mes cellules cervicales hument cette terre de belles polysémies et de beaux mots, je réalise, au-delà du festin du signifiant qu'offrent les synalèphes de la vie, que ma quête orphique réside dans la nostalgie d'une parenté originelle où l'harmonie était maintenue entre le visible et l'invisible, le jour et la nuit, l'exploré et l'inexploré, l'endroit et l'envers…etc. On peut feindre de l'ignorer : il y a que j'aime à dire à qui veut l'entendre, que le poète est un ardent aérolithe point, qui s'immole dans la totalité et l'intimité des mots ; puis traversant l'espace de la vie et remuant le front, son chant, qui est réceptacle de parentés originelles et originales, prend son pied pour porter les gerbes de feu dans l'austérité cosmique des hommes…

A travers ce recueil, j'ai voulu scander le souffle du silence jusque dans la chair des mots. Epreuve de silence en effet, c'est une petite marmite de poésie qui ne tient pas sur un seul foyer. Elle est la résultante de toutes les paroles qui grondent à l'intérieur de mon ventre. Elle a été et aspire encore à être promenée sur tous les visages comme un miroir. Elle se veut porte-étendard de toutes les frustrations du passé mais aussi de toutes les crispations de l'avenir. Elle est comme le raphia qui brasille l'air venu de tous les horizons, de tous les coins du monde. Dans ma recherche d'un juste rapport au quotidien, j'ai voulu concentrer mes mots, mes émois, mes silences voire mes ellipses dans un souffleur qui puisse faire le ménage de mon " Je" dans ce grabuge existentiel.

Mais il faut que je vous dise avant tout : il n'est de poète, tel un Prométhée, dont l'ambition ne serait pas d'être un voleur de présages au profit des gens d'ici et d'ailleurs. Quoique soutient Baudelaire (en parlant de "poésie pure"), le poète a pour mission de galvaniser la vie de cette frange à la merci de la dictature de l'intégrisme et des éclats d'obus, de faire entendre distinctement l'onomatopée d'une terre aux abois, et surtout l'enlacement de cette société de séduction dont l'industrie fabrique les meilleures armes de destruction massive à partir de l'espèce humaine ! Ma poésie – en fait qui n'est pas prophétique – ne cherche point à savoir à quoi ressemble la liberté, ni à montrer le chemin – non, il y a encore du chemin à tresser. Elle est Liberté. Elle s'ouvre plutôt simple à la vie comme pour faire surgir et rendre palpables des visions qui défilent constamment sous les yeux du monde mais échappent à l'indifférent.

Eclats de silence se révèle donc être l'expérience de ce qu'il y a d'immanent et en même temps d'imminent dans notre rapport au monde, plaçant la géologie des mots sous le sceau d'une véritable immunisation contre la sagesse de l'indifférence sous toutes ses formes et le néant de l'abdication devant la vie.

En foi de quoi, prenez les mots et les blancs de ce recueil comme le cœur vous en dit. Eparpillez-les dans votre quotidien si vous en sentez le besoin. Mais accordez-moi au moins la faveur d'être toujours « l'écouteur à l'écart » de ces arcancs lointains, de ces rêves distants et éteints, cousus de pièces et de lambeaux, de ces sourires gris et quotidiens qui enluminent notre voie commune.

L'auteur.

Porto-Novo, Silence du vendredi 25 janvier 2019

....

je vais bientôt écumer
la saison des orages
hâter mon rêve qui ne s'oublie point
pour réduire les frontières de la nuit
même dans la structure des pierres
même dans l'herbier
que caresse le vent
je vais te retrouver au confluent
du jour et de la nuit
te retrouver pour invoquer le limon de l'asile
te retrouver dans le bercail du soleil
même dans la veste d'intérieur
que froisse la brume, j'irai te concevoir
jusque dans les racines de l'espérance
j'irai te palper au vent de fer-blanc rétameur
palper la pulpe chaude de ton corps
comme une gousse qui tombe un soir
ô latérite
au cœur des falaises ardentes de ma soif

....

regarder l'aube
qui naît et apporte un surcroît d'écume
à la proue de notre vie
sous la jupe de l'asile
je réalise ce que montre
l'émail translucide du temps
pour m'éloigner du cauchemar des reliefs
nul ne sait d'où monte l'ouragan de l'infâme
nul ne sait quand l'espérance pavoisera le monde
je ne sais par quel sentier de l'humanité
atteindre l'humus de l'espérance
mais je la cherche maintenant
dans la mémoire de l'outre
pour en rallumer les étincelles
jusqu'à la lisière de la mer
je la cherche encore
au large détour d'une rivière séculaire
pour marquer la malice féconde
de ceux qui tortillent le soleil
sur les sentiers de la mémoire

....

au creux du silence
je transmue en commencement l'espace
me voici au seuil de l'asile
qui ne s'oublie point
me voici à la bordure de l'abysse
qui sonde le rêve de tous les hommes
vivre intensément en son sein
l'obscurité du jour
en moissonner les mots
dans le ventre de la jarre native
comme l'option nécessaire
qui déliera l'orchestre de la lumière
pour consigner l'orient de la renaissance
dans notre labyrinthe quel rêve
et la semence promise à la mer
ma parole détoure le poitrail
du rêve qu'il nous faut
au large de l'épreuve
qui nous mènera à l'inverse clarté
de l'aurore
et les mots d'asile auront plus d'incandescence

....

l'asile qui se fraie un chemin dans la décharge
un matin de couvre-feu
tient sa dorure de l'espérance
sous l'attelage de sa calèche je rêve
de la vie pour enluminer
les chevelures de ces âmes
qui les soirs attendent curieusement au vestibule
et moi depuis le sinciput de ma tente
je dénoue l'altitude ardente du langage
pour ceux qui fendent le ciel
je sonde l'indifférence qui vole à leurs pieds
j'amorce le portrait du vertige
d'un monde profané
de ceux qui n'ont point de retraite ici-bas
et dont les corps échappent
au registre du beau linge

....

maintenant je cherche une étincelle

dans mon asile

même dans le jusant de mon sommeil

désormais je ne vois plus que ce pays exsangue

qui convoie son humus

au gibet de l'avanie

et porte son outre encline au sérail du vide

or l'envers de la pierre

nous hante aux ronces du soleil

depuis le chant de cette vie abyssale

et nous montre les brisants de cette chair d'argile

qu'arrosaient en voûtes de jets

les brumes de l'aurore

....

dès que l'aurore pétrit de ses rayons mon asile
je mets pied simplement
au cœur de l'hydre du jour le plus long
afin de me réinventer
dans l'austérité du labyrinthe
l'odeur étendue de la latérite
monte maintenant
avec lenteur du gaulis de l'ivraie
qui se trouve près de moi
je revois cette journée folle
empreinte de la bonne saison
qui revigore sur le tas
les bonnes gens d'ici et d'ailleurs
mais je me tiens tranquille
dans le soleil d'asile
comme un mot parasite
qui se repose dans l'encrier
je venais de détruire l'ivoire
qui sépare les faisans du monde

....

aux confins de ta vie souterraine
qui n'est pas labyrinthe
je pousse un soupir de vertige apaisé
là où les tours et détours de la rivière native
n'ont point de mystère
pour ton royaume d'asile
je me promène dans ses arrêtes
pour me désaltérer
et j'y reviens sans cesse
comme cet animal solitaire toi qui la première
m'allias au fœtus de cette terre
en tenant ce langage de duvet qui est le sien
ô mère, j'appartiens à toi
depuis le dialogue des âges autour de toi
je m'enroule maintenant comme une spire
pour subsister dans la marge de l'impossible
pour échapper au désert sapide du dehors
toi qui la première irriguas
le sang violacé de mon corps
je n'étais que minuscule au commencement
que l'érection de la mémoire du monde
passe et s'arrête ce soir au seuil de ta case

....

debout près de ce marigot noir
comme un aventurier de sable
un étang recouvert
de toutes les ombres du monde
aujourd'hui on oublie les flores du rêve
mais comment contourner le tumulte des saisons
la raison du soleil hante
notre démarche fracturée aux confins du sel
maintenant dans l'obscur charnier des oubliés
je conçois des frissons nuptiaux
au miroir de l'aurore
pour lustrer désormais notre mode d'emploi
je retourne le scribe
dans les profondeurs de la page
comme pour nous enlever le masque de foudre
la mort est comme cette rivière
dans laquelle nous nageons
comme des scarabées qui craignent les lichens
mais il faut atteindre le pagne du jour
attendre encore le zénith du silence
pour sortir des cascades de l'errance
nous sortir surtout de la nuit du labyrinthe

....

étirer l'asile en soi
pour longer les sentes familières du soleil
et m'auréoler avec ces fleurs d'oranger
qui gisent aux angles siamois de mon asile
le monde nous embarque insouciants
dans le chemin des charivaris
nous tortille dans les bas-fonds de l'incurie
depuis nous pataugeons
sur un fond de marécages
sans faire attention aux glaives
qui effleurent nos pieds
mais à quel minaret de songe à l'assaut du ciel
n'ai-je pas accordé la trêve nécessaire
pour me refaire à l'estuaire de la terre

....

loin des herbiers de la rumeur
j'enlève le suaire morne du crépuscule
où s'avachit l'odeur des origines
je veux retrouver la route de la mer calme
retrouver le cri inachevé d'un temps
qui bat encore sur l'aire de ma passion
pour toucher le fruit de l'ombre et le sicaire
qui emprunte le visage de la mort
jusqu'à la lisière de la délivrance

....

je veux rendre visite à cette parole végétale

cette parole nue qui n'est pas tumulte

dont la solitude ne pèse pas plus que l'ombre

puis-je oublier la sente orageuse de ses traces

je tiens les silices du petit matin

qui arrosent la combustion d'ombres

pour délivrer le limon frémissant du jour

suis-moi au carnaval de la lumière en pleine nuit

la parole semble être tracée

depuis le berceau du silence

la voix surgit de la rumeur des cataractes

comme une graine d'avenir

sort du fumier d'une étuve

chez nous le gras de l'aube conforte mieux

qu'un ciel qui fait l'œillade

chez nous la rosée noire délivre mieux que tout

le trident du jour qui sommeille dans la poche

des nuits moirées de silence

....

enfants qui trébuchez souvent
dans la source des pleurs
c'est surtout parmi les soleils éteints du soir
et les étincelles neutres de midi
que sonne votre innocence
naître dans un ciel naufragé
qui perd le rythme cohérent des choses
mordre dans la pulpe rugueuse d'un siècle
brisé dans la poussière qui cherche sa logique
dans la survie des eaux et des algues
ô promeneurs nus accrochés
au méridien de la poubelle des nuages
vous qui rendez hommage au temps
avec un rêve de pierre et de baie
je bercerai vos larges yeux éteints
et votre solitude sans lisières
avec cette odeur d'asile
en ignition dans mes mains

....

au loin dans le froissement des feuilles
et des grains de sable à l'aube grise
le silence avait germé
dans l'œil pensant du baobab
et moi je m'interroge dans ma cabane
le roulis du temps avait soufflé
dans l'ossuaire de ton ombre
pour me rappeler ce que la nuit
doit encore aux écrevisses du jour
pour me suinter surtout à l'oreille
qui tu es dans l'alliage du temps
et des choses en moi longtemps étuvées
une nummulite et un termite
ne peuvent se délecter
à l'orgasme dans la saignée
de nos désarrois ni de nos sommeils
comme étendu sur le temps immobile
j'ai arraché de ton sol mon jour présent
les poudroiements d'une juste coulée
sur ton visage rêveur
et au fond de l'usure du monde
j'ai conservé l'empreinte
des encens reliquaires de ta sève

....

aujourd'hui tout semble
ne se tenir sous nos pieds
qu'à défaut de n'avoir pu éteindre
dans notre chair d'argile
le feu du nid éboulé de nos tressaillements
l'écume des légendes arquées
ainsi l'ombre de la paille
reste gravée dans notre œil
tout nous échappe encore
sur la glissière du temps
nous avons enfoui très loin en nous
le nacre des fêlures
le philtre marin qui devrait nous orienter
vers le talus du jour
moi je chante encore
l'étreinte de ces amis inconnus
qui nous feront visiter bientôt le wharf de l'aurore
sous la tendre ferveur
d'une rosée de longue haleine

....

demain
on comptera sur les siliques de l'olivier
pour mettre en valeur de vitrine
tous ces rêves de spirales de bonheur
tous ces rêves de prodiges du monde
nous irons faire une trouée dans les digues
que barrotent les pets d'un chien tentateur
ouvrir d'un soc nu comme un couteau
la vanne des saisons secrètes
moi je veux récréer ce champ de faucille
pour y mettre l'éclaircie constellante
qu'il faille infuser au sillon du monde
et là je ne vois que le museau du faisan rapace

....

mais sachez-le dans votre résine aux fêlures

moi je suis de ce talus d'alluvion oublié

depuis toujours dans les champs de faucille

je suis du troupeau des silices que vous piétinez

voûtés de ruse dans l'avant-scène du moment

et que vous arnaquez à la tombée du rideau

je suis de ces landes compactés

 qui n'aspirent qu'à exister

au gré de la marne qui les a vus sortir

oui je suis de cette engeance boueuse

où le rêve est un pan de soleil qui attend son jour

pour désosser les barbelés de la terre

où le désir même est à peine nubile

pour porter un fruit mûr à la bouche

écarte-toi je suis un homme

....

ô soleil je suis de ta bonté
incarnée quand mon exil s'asile
cette bonté de chair verte
qui n'inhale point la cendre de ceux
qui se consument sur la langue de feu
la douleur comme ce cliquetis de la nuit
qui renforce nos pulsations
comme un nomade qui fait corps avec le désert
d'une vie muette d'amour
pour fermer la porte entrebâillée de la solitude
je guette un frisson sur le macadam de l'aube
pour sûr demain à la minute du vent
naîtra le solstice de l'opium martelé
sur les falaises de la vie

....

j'ai vu la poussière ils sont venus qui dit faisans
drapés dans des façades arrondies de verdure
moulés dans des confettis de rupture
pour nettoyer ce que leur babel désire
et installer à toute bride l'île d'or
sur une terre qui fut déserte
sous la trouée du ventre de ceux
qui comme eux crèchent dans l'orbite
mon poème est une mémoire
qui n'aspire qu'à voir au fond de la jarre
qu'on refuse d'ouvrir avec une fausse pudeur
devant la nudité de l'ossature
déjà la terre s'anuite pour me laisser à mon asile

....

je me réveille un matin
aux aurores de mon asile
pour tâter l'opium qui nage
dans les pores de ces gens
je foule le sol de leur orbite
et j'y vois comme dans un miroir
mille soleils béats qui chevauchent
sans horizon à travers les interstices du temps
comme ces enfants aux cris sourds
qui évoluent dans les trouées des ruelles

....

je suis ce portique à l'abri de la pierre
qui cherche ton chemin au-delà des eaux
et ton visage dans le mille de la mer
sans ce chant sablonneux
je suis cette douleur nue comme un ver
ouvragée dans le ventre de la terre
je suis cette rivière qui se meut dans ta blessure
et qui regarde depuis le visage croisé
de la lune et du soleil
car nous avons marché dans le grésil des florules
pour ramener la matière friable de l'argile
sur le flanc de l'affleurement limoneux
ou dans l'entier réel des semailles

 Eclats de Silence - Grégoire Folly - www.livres.us

....

et moi qui te parle depuis mon asile
quand la parole aura quitté une fois
mes viscères d'étranger
j'accède aux confins de ton cœur enceint de rêve
pour te dire ce que vit
depuis le réveil lustral des révélations
cette mer de sable froid comme la pierre
est-ce que tu sais ce vague à l'errance
que tu caresses de tous tes vœux
au compte-goutte de ta salive
comme le sein chaud d'une bergère
et moi qui te parle sur les semences du soleil
depuis l'abdomen de la terre
la nuit est encore capable d'un feu liquide
d'une rive où on peut enserrer
l'espoir et son ombre

....

un matin d'harmattan
je suis sous la coiffe du silence
la note monte sans cesse et la mer est devant moi
comme un asile au cantique mouvant d'épice
la brume m'a tournoyé dans le reflux du vide
comme une toupie bleue au fouet du carreau
l'un comme l'autre j'ai voulu les fondre au soleil
moi j'ai souvent respiré
l'haleine sauvage du sable
je me suis laissé guider par les gilets jaunes
sur le podium du temps et de cette ville océane
après avoir fumé à la bordure du jour
ma mort au monde
je suis parfois arbre avec les nubiles du cabaret
même avec ce rêve de fraîche rosée à elles offert
avec le pouls de cette terre brisant de sa lumière
j'ai tâché de racheter aussi l'audace de la peur
à chaque saignée du crépuscule qui naît ici-bas
maintenant je rêve
d'un gong géminé au seuil de l'aube
pour sauver l'altitude du sel

....

ici où l'ivresse de kola prend de l'altitude
l'histoire puise sa purge dans la source d'ombre
quand je marche vers
l'arbre de ton cœur ouvert
je cueille l'aigreur de ses fruits de mer absente
l'infime graine de ton exil sous le lierre
la trame tisse l'érection d'un jour neuf
loin des rivages incertains
sur l'aire frileuse de liberté
et la liberté de sonder le front du matin
et la liberté de respirer le khôl dans le désert
et la liberté de marcher au miroir du temps
liberté de travailler
à l'examen de l'aurore qui respire
liberté de toucher
maintenant l'armeuse des racines
pour nous sortir tous
nous sortir
de la solitude d'un cri barbelé

....

sans la forge du passé
nous serons une meute d'ombres
nous aurons scellé la trahison du temps
je ne sais plus si la mer m'appartient encore
mais je veux faire un poème pour les ancêtres
le front toujours doré du matin
avec la même chair rouge
qui ne s'avachit point
la pudeur qui nous installe hors de nous
non je veux rester
me voici enfin au seuil de l'espace du regard
où je puisse fumer l'éternité de l'asile
et me retrouver dans le sourire de la sagesse
qui ne trahit pas la chair de l'ermite

....

A *Bijou.*

aux ronces de mon matin tu apportes les fleurs
d'un asile ouvert au royaume de l'intérieur vivant
telle une matineuse qui éclaire le fumeur rêvant
assis au seuil du jour
qui attend sa chambre sonore
tu m'as inventé à la paroisse du sourire
tu m'as volé à l'austérité de la pierre
pour me rendre pèlerin au rythme de ton soleil
comme tendre vers les cieux avec la même étoile
qui ne s'éteint jamais
tu avais un geste pareil à celui de la lune
tu avais un regard fixe
rempli de ton unique pensée
et moi soufflant le sanctuaire muet de la latérite
mon désir de poser ma main
sur l'hydre de ton visage
ma soif de passer par la serrure de toi ce soir
que ton soleil se couche
sur les vases de mon asile

....

le temps qu'il fait dans mon asile
viendra un jour où je déposerai en suspension
ma parole comme un chant des profondeurs
sur la grève furtive d'amour
qu'empruntent des mains livides
viendra ce moment
où je serai dans la crinière de l'aurore
pour marquer le réveil des ombres végétales
je ne serai plus seul
il y aura certainement des arbres
et je pousserai du fond de ma souffrance
le tumulte des amants d'une saison de silence
viendra ce jour
où la pervenche odorante du soleil
me mettra à l'abri du grand cri de solitude
et pour de bon je quitterai la mémoire du monde

....

je suis votre coupe d'asile

mal bu pour un sou que je ne connais pas

seul est juste l'ordre mouvant de notre réalité

dans le sirop du ciel que tu parcoures du regard

le geste même n'a plus de vague

le feu du soir n'a plus sa part de flamme

moi je vais et reviens dans l'abri du soleil

plongeant pour chanter l'ineffable

qui manque au fond de nos yeux étranges

c'est ma fable qui me tourne dos

ici ailleurs sans raison

maintenant je débouche sur la baie de la mort

où le chant obscur touche au méridien de la vie

....

éclair dans le songe
d'une lettre muette de soleil
déjà la terre n'est plus
qu'une outre de silence pour moi
puisque je suis corps pendu
au flanc d'une terre parjure
j'émigre vers la tombe de l'ailleurs

....

tout cri tout charivari est une écume d'écluse
qui ignore le linceul du vide planté
au coin de ses lèvres
pour buriner le thorax de l'ombre
qu'il s'ignore sur le rac des veinures de l'appel
tout grain de sel est une écume d'écluse
qu'on apprend à baisoter dans le pénil de la mer
j'ai rendez-vous unique avec le sel
de cette mante océane

....

j'autotomise dans l'encolure de l'aube
pour narguer une pluie avide d'espaces
le soleil est un cœur fumant de fiel
au sortir de son ombre océane
pourtant rien ne m'émeut
au sortir de mon cuirasse
l'écume de cette écluse burinée
bat encore son rein en moi
dans cette forge d'embruns chevillée
l'auvent rapetassé du jour vient de nous réveiller
pour le cérémonial de la rinçure
reste pour le cérémonial
le soleil est un cœur fumant de fiel
 au sortir de son ombre océane

....

Ô mère
j'ai accepté l'odyssée des grands fleuves...
je suis maintenant la terre parjure
qui s'est éprise d'une lointaine parure
coolie des ivresses d'un monde
agité de vains grelots de la neige boréale
et la nouvelle antiquité
qui porte la béante blessure de l'errance
mais qui dira la terre de l'errance
où titillent tous les rocs du monde
quand je me tourne vers le réveil lustral
de cette glace
avec le froid des îles tentaculaires
même des îles fromager dans les yeux
partir pour nommer l'innommable éveillé
dans le lieu effusif de la parole
et je suis maintenant l'orphelin de cette terre
et je suis maintenant l'ouvrier
dans le verger d'une terre qui s'effrite
le mirage a fait de moi un juif errant
la folie le sang des damnés du lucre
Ô mère
est-ce vrai que tu t'es nourrie de mes errances
sans fragrance

des coups de godasse

qui rythment les fesses d'acier

comme au temps des caravelles

des mains ductiles

qui crèvent les yeux

mais j'ai accepté la Méditerranée

La mer aux odeurs sulfureuses

que des jacinthes avides d'outre-ciel

tressent comme des rêves de cigogne

dans leurs soupirs de chair avariée

....

je te file le pétris des heures égarées
dans l'attente vertigineuse
de cette rocade hermaphrodite du djembé
de cette spume de l'espace
pour sustenter cette plaie de viscères
ouvragée dans le ventre de ta langue
le soleil ne luira plus comme avant
dans le giron de cette terre cabossée
car je bredouille déjà mon urée gutturale
dans le vagin de l'aurore

....

je veux au crépuscule du matin
appartenir au sel et à la terre
le gris d'harmattan sur les sentes
semblable au duvet du silence
prend le frais de l'aube diaphane
et couve un amer au vent
étrillé comme un fleuve répandu
moi je contemple la rue inondée
hélas ici
personne n'écoute l'ombre
d'étincelles volatiles
personne ne parle
pour faire voyager la scène des oubliés
ni de l'autre mais
je vais reprendre reprendre la mer
pour que cèdent les digues
voici l'offrande d'un soleil des cimes
dont rêvent ronces kola et chairs
certes qui baptisera le large
de nos sanglots dans ce pays de brume
dérobé au soleil

....

maintenant faut-il nettoyer le lubris de mon rêve
enjamber le marigot de ce pays compagnon
où l'on piétine l'argile du silence
moi je nais un matin cacahuète
comme promis au royaume du fleuve
je serre dans mes bras tous les matins de soleil
ainsi que là-bas au fronton des maisons basses
un coq élargit désormais le cortège de charivaris
sur la clôture du jour où il faisait encore nuit
puis se laisse pourrir volontiers
sur un barbecue de gril
et tous ces matins de soleil
je regarde le temps
le temps qui s'effiloche devant moi
et quand je me lève
au dernier écho d'horloge
comme échappé des côtes d'un saumon
pour fermer les portes de l'aurore
la brume m'indique la boussole
mais comme toujours le soleil anuité
vient jusqu'à la lisière du monde

....

guetter la brume du silence
du moins ses pans d'incendie qui s'éveillent
au seuil de l'aube
au coin de notre argile
encore noyé dans un carnaval d'insouciance
encore figé dans la circoncision du voile
mais de quel vitellus
nos doutes de limaçon se nourrissent
depuis ces matins de sauterelles
pourtant nous sûmes assigner aux mots
des rêves nus
comme échappés d'un corps éventré
des cris inachevés comme des bribes de blé
et un chemin jusqu'au paradis de l'or
la marche de la route vers l'horizon
un jour j'ai arboré les coups du silence
jusqu'à dire non au raffût   des nocturnes
jusqu'à marteler
sur toutes les poitrines malnutries
le sourire abyssal du soleil

....

je suis de la chair du sel propice
aux émois du regard
le temps prépare le dégel de la brume
et d'un soleil aventuré
mordant dans la chair de la nuit
je me meus d'avance
comme un bouilleur d'encens
montrer l'arobe qui mène à la suisse de l'enfer
mais qui sait ce que nous réserve le silence
aux confins du plus grand embarras d'un être
savoir que mon présent est gros d'oracle
que le silence ne tourne pas rond
autour de nos vies
est toujours chose possible à regarder de près
or d'un jour vitraillé ouvrant une brèche
sur mon angoisse recueillie
je porte toujours la toge incolore
de ceux qui m'ont mis sur leurs épaules
depuis que des souffleurs de soleil
s'étaient abattus sur le mitan de mon rêve
comme une nuée de sauterelles
ovulant sur un sac de moignons
maintenant que je suis né
pour porter la soutane

dans la brume dans la géhenne
à la rencontre du monde
je valserai longtemps par des longitudes
je serai dans l'intime du silence ou rien

....

comme la lune toise fière notre silence
et nos fronts rugueux de misère
on regarde sans voir au juste la cime des arbres
ce soleil qui mate le geyser de nos inhalations
on crie à vau-l'eau dans une sicav de mensonges
à travers les interstices du temps
et chaque jour qui passe
sous la cendre du silence
nous rinçons nos corps loqueteux
dans une fourmilière de vertiges
pour mourir avec passion
le cheval suisse qui rame doucement
dans nos cerveaux fumeux
comme un boa mûr en attente
le touriste hideux qui guette chaque pas
de nos rêves sous les tropiques
pour glaner encore les sucs de notre sourire
et voler la carrière de notre lubie

....

après tout je me demande
qui sait si le sel
est abandonné à son vase nuptial
qui sait si le temps
nous attendra au nez du songe
à la lisière du néant qui n'est que ruelle chétive
qui sait si l'air est encore vierge le fleuve calme
dans son lit sous les tropiques des hommes
qui sait si notre silence
n'est pas sicaire toutes les fois
que l'on refuse de voir
les fruits sous le balcon du pauvre
car même au pays du vent le silence est roi

....

je rêve figé sur un fragile fût d'ébène
ici la vie suce on court
j'apprendrai à renaître un jour
dans l'œil du cyclone
dans le champ d'un pays de matière sommaire
marcher le long d'un présent incertain
où l'on moissonne buée et poussière
comme un huîtrier cherchant
des traces sur la grève
marcher confondu ainsi jusqu'au réveil
sans rencontrer un fenouil en chemin
à la fin tu es loin très loin
en exil dans le silence des autres

....

en moi
ce n'est que silence vert
qui ne s'achète pas
ce n'est que silence nomade
qui résonne au large de mon corps
comme une paille de blé à la merci du vent
revenir sur la pointe de ses pas
comme toujours dans les amarres
pour réchauffer la mémoire humide
nourrie de l'hydraulique des paupières
revenir pour montrer le rêve
encore en otage sur le gril
des insomnies retroussées

....

rien ne se refuse au silence cuit

au feu de la solitude arquée

ni au minerai d'harmattan tiède

tant on doit se limer aux feuillets du vent

qui passe désormais sur nos sourcils

scruter le visage masque des arbres babillards

qui n'ont point la clef des portes closes

et un jour il fallait apprendre

apprendre le dur métier de l'exil

ici-bas

le sentier qui mène aux gisements

d'une terre de premier soleil

mais une fois encore

rien

sur le désert abyssal de cette langue

rien ne se refuse au silence cuit

dont les éclats naissent du palais de l'ombre

qui laisse des traces au seuil du jour

....

au coin du hamac de la vie
qui nous portait près des vitraux du monde
tes rêves qui suintent de tes yeux
ton silence posé sur ma poitrine
comme toi voguant à val de l'infini
je suis du pays où pullulent les stèles
et où fleurit le chemin de l'exil
j'écoute la rosée germer doucement
dans l'outre des gaulis
érigés comme des sourires
là-bas sous l'œil de l'errance
tu venais de détourner une viscosité de sommeil
qui allait jaillir dans l'arrachis de l'aube
et au réveil tu n'es plus en exil loin de ma cour

....

auréoler le silence
dans l'embrasure d'une porte
que nul cri nulle main ici-bas n'arrive à saisir
au vol de la lumière qui fut sienne
je voudrais en peu de mots une présence
qui l'emporterait comme par pure folie
pour maintenir le cap des grands chemins
en ce monde de remous variables
et que des bruits de la nuit pantelante revienne
au chevet de mes lésions d'enfant
une parole nue lisse
comme un ver de terre
qui viole le limon de l'exil

....

n'y a-t-il pas quelque endroit ce soir
dans le bruit d'un pays de crépuscule
où l'on croit à la bonne foi du silence
où même l'on chauvit le linge de l'hymne
et voici
à notre exil dans la saignée des ombres
on fait succéder la houle de souvenirs
donc en vrai tu n'as que des stèles de mots
pour bâtir une buée de souffle à ce monde
un élixir de rêves dans ta poche crevée
auquel on n'a pas accordé l'armistice
nécessaire à sa germination

....

ouvert sur ce que fut le printemps dernier
dans l'abdomen de ces faisans
un œil s'agrippant à la conque de l'ineffable
il faut palper l'exil en soi
ou raffûter la dure réalité
pour tout dire
moi je suis né de l'alliage
du silence et de la terre
l'exil est un pays qu'on invente
au coin de son feu

....

un président au sourire d'ambre
garde les portes de la subsistance
du pain blanc qui se cache
entre le nez et la bouche
du ventre sacré qui tient
les boyaux pleins de soleil
de ceux qui ne savent pas rêver en plein jour
pour raffûter l'herbier du présent
au pays où nul ne rêve
un président croque l'humus des cerveaux
mais hélas
il craint souvent le réverbère de silence
allumé sur les solitudes de ce pays
dont il ne subsiste aucune miette de rêve

....

je connais cette misère sans âme
qui ne ressemble point à une autre
qui ne devient point chauve
sur cette langue de vie
et moi
dans mon silence crevé d'alcool
je n'ai que le fleuve de tes songes crépusculaire
déjà j'entends ce murmure de tes boyaux
qui répond aux buts mal léchés de ta bouche
qui meurt dans le culte extérieur de tes mains
on dirait l'éclat d'un verre
sur la face des monts déserts
et quoi donc lorsque sonnera
l'heure de la grande cérémonie
tu montreras le cuir des frasques
qui érode les fruits de ton bâillon

....

prendrai-je le silence à témoin
pour mon premier baptême d'eau
dans le désert de cette ville grise
ovulant tristesse et rires sur toute chose
une rue burinée rugueuse jusqu'au paradis
des soleils pleins calcinés sans bière
au coin d'un soir de festins d'angoisse
j'ai souvent rêvé de quitter cette ville
comme un mercanti des quatre-saisons
s'en allant en quête d'un abri de chameau
avant la tombée des voiles nuitées

....

au wharf du silence
je me suis arrêté pour regarder
le visage de cette terre piétinée
un destin révulsé dans tous les angles
sur le palaquin nu au couvert de vie
je pouvais encore faire des emplettes
pour épeler une aube diaphane
propice à rendre le réel au rêve
le temps s'ébruite contre notre rythme
et qu'il nous reste à par-faire
avant que la cohue des vagues
ne nous avale dans sa passion frivole
et dans le flot d'un carrefour
mais hélas
au réveil je n'avais pas vu le soleil passer

....

et que faut-il néanmoins pour rallier le jour
au réel des choses désormais palmées
depuis la nuit de l'apatam
édifié dans le plus grand tison de joie
j'infuse ma sérénité aux couleurs des ifs
pour exister à l'envers de leur sourire
autant en emporte le silence
je décrète un couvre-feu à mon geste d'émersion
car je suis le sillon que trace
à petit feu le trident du soleil
sur les bouses de cette terre

....

ce soir je me rapprocherai
de ta mansarde écrinée
et te verrai allongée sur le hamac de fauteuil
endormie pour un voyage au cœur des étoiles
ainsi tu as dû m'attendre là indéfiniment
jusqu'au vacillement de la dernière bougie
j'avais remarqué ses cendres au petit matin
mais je serai rentré bientôt très bientôt
et quand le raffut des battants se sera calmé
vois-tu donc j'avancerai avec l'élan d'un sicaire
et comme toujours à la surprise des vases
je me ferai complice du silence
et de la respiration des autres dans la maison
je ne vais pas regarder les murs jaunes
dont l'éclair distrait la vue
j'ai rêvé des cimaises qui se trouvent à côté de toi
au milieu de l'affluent de ton corps
en jets rapides je vais contempler le limon
puis je romprai en visière la porte du silence
devant moi et malgré mon sourire
tu chercheras le moindre ennui sur mon corps
sans en trouver
notre séjour ici frise le destin de ramiers

....

comme toujours je tisonne pour racler la dérive
au flot de vagues succède la bonace
des jours qui charrient notre abîme
vois-tu le temps court à la pointe de baïonnette
pour nous délocaliser mais
un jour pourtant une terre de bonne volonté
l'harmattan ne partira plus
les herbes ne perdront plus
leurs épis d'hivernage
et plus rien ne dérangera l'éclaircie de nos doutes
sur l'humus de ce lambeau de vie
où ma foi profonde est scellée
au ciment du silence

....

j'emporte mon rêve de fort maudit
une nuit d'orage à la semelle du silence
comme un paysan qui n'a droit qu'à l'usure
pour livrer combat aux glaises d'iniquité
j'arrive poudreux ce soir
au rond-point des partances vives
grand est le chemin qui borde la poupe
de l'horizon bronzé de nos sommaires
je veux au cœur de l'abysse du jour
balayer du revers de la main ce poncif
ce réel sans soie qui paye la dîme
les rides d'exil qui n'exorcisent pas le jais
à moi le temps d'une bière comme une parure
à moi la pire gale qu'inflige un nouveau césar
 aux ablutions de la terre

....

comme j'ai une vie pleine à incinérer
dans l'anus du temps
voilà j'y retourne sans tambour
par le chas de la poussière qui fut
je te donne le pain tel quel
volé à la courre
arraché au sourire malsain des bileux
je t'envase le feu d'ombre
dérobé sous l'œil moite de la terre
à triche-cœur
n'est-ce pas ce ciel ridé qui m'enchantait
maintenant
plus rien
rien de cette eucharistie nattée au miroir de lune
rien de cette hormone longtemps étuvée
mais tu verras sur les crocs du soleil
mon nom lacéré
je suis le fils de la chair trahie

....

au début
il y a un œil qui te fait mousse
et t'empêche de faire le tour de l'usine
vertige
vertige d'un sou face à la suisse du calcaire
des gravats de douleur
qui accrochés au rêve
comme des éclats d'obus
détruisent l'équilibre au présent
et rester en suaire au fond d'une épave
sans jouir de l'usure de ses mains
non je n'écris pas à l'encre
mais à la louche du temps
caboter sur le souffle des mots
pour faire jaillir des stèles d'encens
cette mine saccagée au fond
ce champ aurifère mis sous scellés
c'est le paradis volé de ma nudité

....

assez de voler du feu
dans le soûl muet des autres
assez de replier la pulpe des hommes
assez
là-bas gronde la mer à l'écume rebondie
qui offre un étrange suaire aux corps d'ombre
déjà le panier du paysan qui crie sa calvitie
dans la saignée du crépuscule
le poète échancre l'ombre d'une forge
avant de naître à l'aube des étincelles
comme revivre sept fois le poème écervelé
dans l'ecchymose du temps
pour toujours garder l'œil
près de la lampe tempête
non assez
assez de voler du feu
dans le soûl muet des autres
pour retourner en amont du soleil

....

j'habite le chas aède du soleil
au détour d'un sanglot d'hostie
qui refuse de sacrer mon corps
le temps succombe au suintement du ciel
j'habite la mémoire tatouée des maisons closes
que nul ne veut sentir ici
que nul ne veut ouvrir là-bas
j'habite le feu gueulard des hautes saisons
qui ne meurt sous la cendre
pour affûter le bâillon des hommes

....

mais de quoi suis-je mort seigneur
en titubant comme un poisson sans nageoire
dans l'encolure de cette vie pissée
je crèche dans ta boue depuis l'aurore du sablier
ô toi qui m'eus fait si rêveur avec un sang séché
en ce moment où tous les soleils sont des lycans
en ce noir crépuscule où les rêves
font la gueule au vent
sur la pelouse de mon rhum
mon Dieu crois-moi
je badinerai fort bien avec ta vigne
dans le métal défriché de mon rire
l'espace d'un feu à tisser autour de la terre
je ne viendrai pas comme un enfant prodige
à la touche de la maison close
mais mais comme un gosse à prodiguer
à la jouissance interdite

....

au contact de ce pays natté de véroles
la terre ne prend mesure ou vigueur
que pour avaler le cliquetis de sel
qui surfile encore le péplum noir
de ces faisans détournés à blanc
jusqu'à la moelle de leurs visages
et un beau matin
la terre ne survivra à la proue du silence
que pour infester allègrement la mie
de ceux qui sentent encore le fagot

....

à l'annonce de ce crépuscule brumeux
j'ai été surpris par des grésillements de poules
cherchant exil d'un sou
en amont derrière un contreplaqué
et quoi donc
il y a encore d'asile sur terre qui réchauffe
la saignée des gaulis le fémur de cette lune
ceinte rien n'abrite ma solitude depuis
et moi je voudrais un prunier sauvage
pour tatouer la mémoire des jours
mon œil désire investir l'arène du silence
pour danser sur le sillon que tracent
les copeaux de la pluie lustrale

....

il faut savoir jusqu'où je dessine ma solitude
pour me trouver saisi d'émoi
et de froid au bord de cet exil
et que pris de vertige du temps
je me laisse à l'éclair d'un sillon verdi
et à la poupe du vent fouetté
durement par les attentes retroussées
comme j'ai soif d'un rencart avec le silence
pour me faire complice de sa chair

....

dans l'inconnu des choses embusquées
qui cherchent demeure dans la cave du ciel
je vis mon silence tout féru d'embruns
comme un toucan des hautes montagnes
l'existence frise l'amitié de l'huile et de l'eau
parfois avec la firme des dérives
qui hantent nos arrières-générations
rien ne résiste au crépuscule désert
et
dès que le soleil terre le monde
je deviens ride sur le métal des jours
mais ce soir je boirai mon vin d'époux
à la santé de la solitude éventrée
pour prendre attache avec ce que
la vie confie encore au miroir des pierres

....

au fisc des faisans qui rêvent de bâtir une babel
je ne connais que le cirque de l'or
jamais l'azur n'est un drap d'enterrement
or dans la frénésie du temps même
il faut noter le cri n'existe pas
contre les araignées pirates
qui se pavanent dans les murs
et les fissures qu'on leur prépare à toute bride
au clair de lune
l'éclair finira bien par commencer un jour
mais pendant que le silence buvait son blanc
comme un soir dans un stalle d'orchestre
le peuple répond toujours par l'hypnose

....

je cherche la clé de voûte du silence
qu'un rêve a regardé au loin
pour trouver l'envers du soleil
car chaque silence ouvragé en moi
est une cité de poème
qui vient de l'éther de toutes les banlieues
du monde

....

comme tout un chacun sur cette terre fantôme
je prends racine dans l'hydre de l'aube
l'herbe avale la rosée au petit matin
pour jouir d'une nouvelle synthèse
et déjà sur les tuiles de l'horizon
les coups d'horloge sonnent drus
ma corolle de vie à peine éclose
offre la bave de son broussin timide
je viens pourtant de ces misères éthérées
comme ces pollens de silence aussi
qui grimpent jusqu'aux bouffées du ciel
à la fin de mon séjour le soleil me lécha les lèvres

....

je conçois à mon cou l'immense pas
vers la moue du voyageur de l'ombre
pour réaliser la force grasse du soleil
je vis un peu gisant au fond des mers
qui sirotent le désir sommaire du silence
pour mesurer le poids d'une douleur
longtemps étuvée sous la dent
mais au loin dans les abysses
roulent des palétuviers
dynamités à blanc comme dans un étang de sel
et l'arc-en-ciel de l'histoire nous plonge
encore dans le suaire des saisons

....

ici où blanchit l'orient de l'homme
je tiens le terminus de ton enfilage de mots
qui n'est pas vert
devant les battements de la terre
or
par un de ces jours d'anabase
comme assis sur ce fût d'ombres
que tu croyais avoir cloué dans leur cuillère
à la moisson des miracles de limaçon
s'il n'y avait outrage
sur les visages de ton mitan
crois-moi
même le temple édifié
dans le silence aura écroulé
la maison n'aura point couvé sous la cendre
or
par une de ces déchirures étuvées du soleil
on t'aura laissé sur le tapis compost de ce pays
pour regarder sur toute l'étendue la misère
complexée
qui fourbit des âmes pourtant bien nées

....

verrai-je un jour cette maison rêvée
sous la cendre votive du temps
voir couler de l'herbier de l'aube
les particules de rosée
paradisier je parle
des moignons que tu feins de ne pas voir
même dans les florules de ton œil
et que je récolte d'une encablure à l'autre
chaque fois que je me fais sicaire d'angoisses
en sillonnant les amarres de cette terre
à la croisée des chemins délaissés

....

et si le rêve échafaudé dans sa marche
chauvit un peu le geste de sa direction
ou se serre à l'essence du mouvement
dans l'alcool de nos viscosités
comme un poing sur les relais du pouvoir
il fallait pourtant oublier un jour
oublier toutes les viscosités de la terre
car que nous reste-t-il donc du torrent
de ces rafales glaneuses qui nous transportent
vers une taie d'horizon fourchée
au fond ce que je demande au temps
ce n'est pas un infarctus de désert invétéré
qui exhausserait nos doutes de limaçon
mais mais une poussière de soleil
poreuse à tous les moignons de notre terre

....

ce soir je suis accolé
aux vers modestes de Djaout
il est plus que vivant dans ma soif de renaitre
renaitre au désert des entrailles du vent
pour nourrir l'attentif de cette terre
ah Djaout qui couve le verbe d'une larme neuve
d'un sursaut dans les rues d'Alger
tu es l'inventeur des silences
qui refusent d'être bus
avant le sacre du grand jour
ah Tahar tu es plus fin
que le dernier été de la raison
toi qui passes comme une ombre
sous mon grenier à poèmes
toi qui écris sur le fil ténu
des frontières depuis toujours
ton nom est resté en moi
comme une cicatrice au henné
ce soir je suis accolé à tes mots
d'une hantise fantôme
tes rêves qui constituent un vrai label
nomment pourtant le macadam de cette ville
que tu connais très bien
depuis ce matin de cataclysme

....

se planter sur l'estrade du monde
naitre avec le monde
pour marquer l'errance du tocsin
et de cette vie plutôt semblable
à une route de migrants qui dévie
quand l'élan n'envisage que l'horizon
s'accouder au coussin de ce rêve
pour cheminer dans l'acné de la mer
comme une inexorable agonie qui vient de loin
ausculter le râle qui laboure le mal ici bas
mais quelle rencontre silice ai-je fait
à l'extrémité de cette aube
maintenant que la tiédeur des saisons fumeuses
érode l'incident initial de ma solitude
la nuit ne s'installera plus
sur les jardins de mon poème

....

parvenir à l'aube grise
de ces cris qu'on crie mieux en soi qu'ailleurs
je suis un rônier qui s'enlumine
sous l'âcre humeur du ciel
et dont la vie ne s'achève pas sur un râle
chaque seconde écoulée désormais
sur les vitres du silence chaque instant passé
dans le cours de l'attente vaine m'accrochent
au saisissement d'un inavouable secret
et un jour il fallait céder
céder à l'appel des saisons d'une autre vie
m'asseoir à l'ombre d'une pluie écarlate
après avoir enduré la procession des nuages
pour s'apercevoir que hélas
les semailles du rêve ne sont point terminées
et que jusqu'au wharf du jour
tu peux toujours briser les digues du temps
pour appâter d'un coup l'ennui
cette nuit confuse d'où émergent
notre descente à l'abîme et nos éboulements
comme pour nous protéger
d'un feu violé à la courre
qui brasille aux artères de notre corps
et qui lamine brin par brin l'exil de la joie

....

il n'y a que murmure
ce que l'on projette n'est jamais continu ici-bas
sur cette terre tatouée d'ennuis
le grain semé n'a jamais germé
dans l'amertume des feuilles qui refusent l'orage
dans le clapotis des eaux
qui ferment la porte au cyclone
il n'y a que la mémoire d'un vide jamais comblé
il n'y a qu'un muscat de bruit
qui flotte dans notre firmament
et le bruit qui s'est fait ombre
vagit toujours
avant de passer le témoin au tonnerre
que le souvenir du passé
rebrousse cette brisure d'âme
cette écume de mélancolie
qui noie le cheminement du soleil
et que des gerbes de rêve fleurisse
l'éclat du silence

....

déjà au réveil
je me suis mis sur la pelure
des étincelles volatiles
pour refaire le séant des hommes
pour frire l'épitaphe inavouée des faisans
de ceux qui érodent l'estomac du soleil
avant le huis clos des nuages
qu'on me toise
jusqu'au point de ralliement de la terre
le ciel a d'abord goutte de nacre
mon regard s'embue de larmes
face au sang hyalin
qui dégoutte du pus des toits
là-bas la basse-cour
se met à l'avant-scène du jour
comme ce rêve qui s'impose à la vie
et la lune givrée ravale son sourire incandescent
pour que naisse le gril de notre totale cuisson

....

ne rien toucher des embruns de ton visage
jusqu'au point de ralliement
de notre écrin d'ivresse
mais où donc pour ton soleil
où devons-nous jeter cette ancre
qui ne laboure que murmure et tempête
et ce comment ne pas effeuiller
cette brume de silence
ces pétales de tristesse
dont tu te couvres au clair de ma lune
toute la solitude du monde
nichait au coin de tes lèvres
toute la mie de l'indicible
nageait dans l'averse de ton regard
et moi cherchant l'équilibre du ciel
au-dessus de nos têtes
j'ai marqué hélas ton rêve
toujours en ignition en moi

....

j'ai vu le pagne usé des champs
se parer d'une verdure au lendemain d'une pluie
laissant le mucus de cette terre à son hargne
moi je suis mie comme ce ver soyeux
qui sonde l'avenir de la boue
à la fin du jour le mûrier me sert de victuaille
la sueur de ma raison coule
comme un chant de liberté
seule la mer sera la limite de mon existence
je rêve de m'extraire du moisi
de cette onde argentée
et m'ancrer dans le bruissement
des vagues du temps
sache que j'irai dans la nuée glaneuse du soir
pour me poudrer d'un chant rouge
quand tu fouleras la frime de ces saisons
désertes qui n'ont point de nichée

....

ton regard n'affûte que le vent
la raison du temps te barbouille
la face à n'en point finir
mais
là-bas dans l'alcôve des saisons
tu verras un grand abat de douleur
qui ne se cicatrise pas
et tu y inséreras
ton rêve un arôme de liberté
pour éclaircir la peau du visage
l'épiderme endolorie du monde

....

s'il n'y avait pas cette torche nacrée
et ses gerbes d'enfants
qui pulvérisent les barbelés
de la terre
s'il n'y avait pas ces tridents intègres
du levain
le pays serait un remblai de sanglots
et le rêve une migraine à décharger
dans le sourire abyssal d'un soir

....

le glaive panégyrique du peuple
à peine levé ploie sous le poids du remords
à l'attentif du jour
j'ébauche encore la nuit
sur le gommier du silence
et comme un helminthe criblé d'attentes
je ne connais que ce jour parjure
qui ne lèche pas les faussaires dans leur sommeil
mais pour me ronger encore
dans la syntaxe du néant

....

et voici le grand jour
je menace de manger la mer et l'horizon
qui délirent en mille étincelles
et barbouillent les sentiers de la pirogue
vois-tu le ventre du fromager
saigne lentement
à la descente d'une journée folle
avec ma semence
je vous écris
pour dire ma soif de soleil
comme je vis dans l'entier réel
d'une saison nouvelle
qui pavoisera peut-être le monde

….

il se pourrait qu'il y ait sur la latérite
une trace, et que naisse le sel
d'une autre espérance
les mains s'ébattent pour retenir
les pétales du moment
il se pourrait qu'au wharf de l'argile
l'on retrouve les cendres humides d'un bonheur
les os gestants d'une brise vespérale
qui enlacent l'alcôve du terroir
mais qu'un monde soit charnu d'hypnose
et de vin au coin d'un soir laiteux
et moi je délie le serment qui me rallie au jour

....

chercher la route qui mène au sinciput de la vie
les pas s'ébruitent parfois
dans l'exposition de notre limon
et l'on se prend la face
comme quand on entre en contact
des véroles d'un césarisme vain
moi je veux tourner l'œilleton du ciel
pour m'emmurer dans les étoiles
et renaître dans les champs de l'aube en amont
comme une lave à l'assaut de l'espace
je délie doucement ma langue d'humus
à la proue du temps
pour engraisser les cœurs en friche
je suis l'intuition de ce devenir
qui se meut dans le soleil annuité
dont le regard affûte la mer

....

et moi je nettoie ce que tu fus
dans le relent sous-marin de ce pays
je sonde à grandes bouffées cette grande maison
qui resplendit dans sa nudité sous la cendre
cette maison qui sommeille
dans le raffût de tes champs dénoués
te voilà visionnaire
tu y pavanes circonspect
sans en dessiner les contours
tu aimes l'aventure sans aller au terme
oui vaste est ta maison
vorace est ton désir
de prendre l'envol des mystères
pour prouver à la terre
ce que ton pet a de plus nacrant
que l'appel du soir
quand s'abandonnent au silence
les errements des fauves

....

écoute rosière cesse un peu ta folie printanière
ce ne sont pas des honneurs
que tu récoltes dans ta gibecière
ne remarques-tu pas le visage du ciel
lequel s'embue à ton insu
les pétales d'errance qui parsèment ta vie
fille de joie Si on conserve la flamme d'une luciole
pour illuminer les jardins de l'avenir
mais combien de cognées
de contorsions et de raclées
mérites-tu dévergondée
pour avoir mis ta croupe à l'encan
ô déesse, beau temple des hosties bocagères
plus le saint et les archéologues de la mie
ne s'abreuveront à ton autel et sur ta terre ceinte
plus de sein ne pointera son bout vers le ciel
plus l'amant transi du haut d'une falaise
jouissant de l'ombre
en quelque lieu
son cœur dans ses mains
à son sourire qui parfait l'argile
ne pourra redonner la pulpe nécessaire
à son âme
tout frisera un affreux désert

le rêve sera sans logis
tu resteras chauve
et en lieu des noces manquées de ton corps
dont la sève est déjà vendue aux enchères
tu sentiras le foc le foutre et la bavure
tu perdras ta lumière, et glacés de frisson
ni sicaires ni buveurs
de braise n'accosteront plus ta rive

....

un jour passé
mémorable
au prix de la sueur du sang
toi qui éternues des mots de terre fragile
comme un pagne de deuil
étalé sur le seuil de l'aube
toi qui regrettes les jours les branches sèches
ton effort est dans les récoltes de demain
sois donc le réel qui n'est plus imaginaire
ce soleil qui n'est plus une ombre
qui passe seulement

....

voici que je reste trempé comme une soupe
dans le fiel du silence
le temps aussi souffre à renaître de ses cendres
sur les digues de ce pays
où l'on tourne le dos aux fruits du bâillon
et l'horizon demeure toujours un enfant précoce
mais qu'il vive néanmoins
entre lui et moi il n'y a point de souvenir
qui puisse toucher le poitrail des jeunes femmes
à l'ombre d'un soir d'harmattan

....

or je me déploie depuis toujours
dans les bruits d'un pays sans cristal
je nettoie le prêt à consommer
d'un spleen de vigne
d'un hostie qui n'essore pas l'estomac dynamité
de ceux qui ont vu les jours s'en aller
et au bout de cette affreuse vérité
dressée comme un rêve de dromadaire
note tu deviens étranger à ta propre chair
tu ne retiens rien de ce qui t'entoure
ni le chuchotis ni l'odeur de la ville
que tu traverses un matin d'harmattan
tu rêves au grand dam de la saignée des îlots
sache que mon poème ne fait point de tricot
aux baisers de judas
ni aux matinées de promesse

....

ô comme les voix du silence se fondent en moi
et désignent le sicaire de mes boyaux
à la lumière d'un harmattan
qui naît du fumet trompeur des faisans
muet j'ai retourné le gril de l'absence
contre l'honneur des sourires d'escale
jusqu'au marigot du devenir
si tu te laisses trop bercé par des lunatiques
à l'affût du silence et d'un désir sommaire
le réveil ne sera pas trempé dans l'encrier du jour
de notre jour

....

je t'apporte une petite corolle de vie
comme l'amour dans le silence
que tu me tendais au réveil du lit
je vivais comme cet état vermeil
dans un verre d'aube printanière
qui attend midi à côté d'un fourneau
parvenir un jour au vrai lieu des choses
l'attente a du sens dans la bouche
ne trouves-tu pas au demeurant
le chemin dans les lignes de l'horizon
qui s'ouvre devant nos yeux

....

je tiens le fil ténu des caravelles printanières
comme notre rêve gémellaire
un rêve qui marche à tâtons dans la cyclone
rêve ô combien mal luné
ouvert au coït de ce ponant versatile
un rêve qui cherche
cherche encore un lambeau de feu
dans le souffle hyalin du temps
sa forge emploie plusieurs marteaux
pour faire une terre
qui n'est pas plus grasse que ce dévers
qui nous mène au fond de la pirogue

....

soleil je veux être ton chemin rongé de sillon
où tout le monde passe
de la cèdre jusqu'à l'hysope
pour mourir dans les sentiers limoneux
de cette terre de croquet
soleil je veux être ton ombre de première classe
dans le conduit de cette forêt
de saisons maléfiques
nous sommes au moment où débusqué
tout sourire cache un cancer de lueur
et moi debout
sur les arcanes du jour qui se regardent
comme les fruits d'un safoutier
j'ai rêvé d'aube, de silence pour parler
à notre sommeil

....

est-ce nécessaire maintenant
de gratter l'aveu de ma nausée
la profonde maternité de la terre
je garde dans mes yeux
l'immense larme jetée un matin
sur la corolle d'un désert
il ne s'agit pas de tuer la couardise des mots
dans l'excision du silence
ni dans le logis de la nausée
ici comme ailleurs
il est temps de frictionner
l'ineffable de la rosée qui ne survit pas
à la mèche du soleil

....

je longerai l'abat-voix du temps
qui lésine sur mes lésions gutturales
l'écho noceur ne sera de retour
qu'au dernier battement de la nuit
en fait je voudrais m'essorer un peu
courir à gué de la coxalgie des hommes
vider les pores du monde sans l'écorcher
car j'ai une touffe de nausée
dans le pénil de ma gorge
qui ne veut pas s'exsuder

....

je vote un attiéké pour cette rive de pleurs
vautrée sur les paupières de l'aube
comme la face du potier nous interdit
de fumer la rougeur de l'aurore
je contourne la nuit diaphane
pour cracher ma nausée
pour rabattre les écailles du naufrage
je dévide un attiéké pour cette rive de pleurs
alourdie sur les paupières du monde
suis-je un accot pour la mentule du soleil
qui s'évase sur la butte du jour
je bois déjà dans la rubescence
des viscosités tutélaires
et pourtant rien ne mouille dans cette crinière

....

faut-il que je me lève toujours fourbi
avec le dernier sillon de rêve
et au son de cristal du vent aryen
qui effleure encore les pans de mes doigts
posés sur le rebord du vitrail
de ce monde qui nage dans l'herbier du silence
ah le monde avec sa résine de claquements
le monde sans écran acrobate
je sens son pouls s'émouvoir
dans l'étang sous-marin de mon âme
mais de quel rêve s'indigner au demeurant
au cœur de ce labyrinthe de silence

....

je me fais avaleur
de toutes les frontières de l'imaginaire
toutes les fenêtres
de limaçon ouvertes sur le monde
pour scruter la cime de la brume nébuleuse
le premier jet de moutonnement
accolé aux humeurs du monde
pour amarrer tel un noctambule
au seuil de l'aube
la grappe de silence
coincée à la proue de la rosée
faut-il encore avec nos pâmoisons inavouées
nos doutes d'arcade en deuil
songer à ouvrir un jour la vanne au soleil anuité
songer comme un silène attaché
au joug du calice
pour se réinventer dans la circoncision de l'aube
le monde arrive souvent en suspension
dans les pulsations de l'aube
dans les lignes du souvenir-compost
pour saluer la passion du poète

....

je veux étriller ma nausée
pour avancer dans mon poème
pour avoir de la grappe d'ombre
à la proue de chaque mot
de chaque ellipse
de chaque silence
qui sort de ma gorge mon obusier
afin de croquer le fût d'un soleil
à l'orée du matin

....

naître un jour aux confins d'un arrière-pays
comme un rêve échoué sur la berge de l'impasse
suis-je saumâtre
pour boire l'hydre des cultes inavoués
non je connais les contours de ce spasme
qui lègue mon corps au vide
je connais ce fût de corail
qui gît dans ma mémoire
et me joue une taupe
je crèche dans l'anse de cette terre
depuis le vagissement du temps
naître un jour avec l'univers entier dans les yeux
comme l'ombre du néant
je suis l'algèbre de la nausée
où il fait si silence
je suis la somme algébrique
de toutes les nausées de cette terre

....

tu verras l'obscurité du jour
se nymphoser
comme une nausée étale
sur les flancs déjà étiques de ce monde
tout en graisse hideuse
et moi j'arrondis le Temps lippu
qui ne se rend pas fiancée
de ma lyre qui tance en transe
dans le pénil de son chemin
pour sucer la gélatine
la contusion de sang
que suppurent les entrailles
de l'aube diaphane car
comme l'andante de l'altitude
je gravirai les escaliers du vent fossoyeur
pour recouvrer l'épitaphe de l'ailleurs
qui chante l'épithalame de l'eau et de l'huile
je marcherai sur la raie dorsale de la terre
comme vole un coléoptère
sur la première bauge au monde
qui attire ses élytres dans les démêlures
pour féconder l'épiphanie vespérale

....

mon rêve est une semence
qui augure la moisson de demain
je l'apprends tous les jours
dans l'ivresse de ces chemins ligneux
tous les jours comme au fond d'une rivière
chaque aube est une semence
une aube diaphane à tout crin
poreuse à tout vent
où le silence féconde la terre
pour y laisser son arôme
les herbes au front perlé d'embruns
dorment encore sur ces ligaments
et moi je murmure dans un verre d'eau
si je pouvais dans la folle matière du monde
me lignifier pour réveiller
racines pierres sylves sources
et leur dire mon rêve d'asphalte
si la rosée pouvait dans un silence farouche
essuyer ces brisures voraces
qui écartèlent tout mon être
enfin notre réveil
qui boit la liqueur chaque matin
trouverait douceur dans la veine des saisons

....

as-tu regardé les carrefours de ce pays
qui marche dans l'ombre crépue de la peur
as-tu vu comme moi les maisons muettes
que traverse la canicule luisante des chagrins
les rues qui aspirent au gulf stream aux dépens
de la calvitie des hommes
amarrés au sel des horreurs
as-tu vu ce pays où les mains vides
ne ferment jamais leurs poings
pour brûler les murailles de la calebasse
as-tu vu ce pays où les cœurs
ne s'unissent que l'instant d'une générosité
pour amarrer les sanglots qui les secouent
as-tu vu ce pays que je porte sur mon front livide
comme une mygale
qui s'enfonce dans le désert de fissures
dans la surdité du silence
pour faire affront au temps
je veux que tu voies jusque dans ses racines
les vases de silence qui n'ont point de couvercle

....

et maintenant au cœur de l'immensité de la mer
je greffe la buée de ton sommeil la chevelure
dans le grenier du temps friable
je renvoie l'écume blanche de ton regard
sur la dure de ton mitan
livré aux voraces rencontres
tu t'allies aux carrefours déserts de l'avanie
comme un globule à soi qu'on ne quitte jamais
mais je trempe notre mémoire en poussière
dans l'océan de cette terre empaillée de brume
pour museler l'ambition du roi de la fuite
hélas il garde la roue
pour héberger la nuit profanée
atteinte de calvitie précoce
mais une aube capiteuse
serre déjà le poignet du jour

....

je veux transformer le soleil en une mante
la rendre docile à l'écoute de la nuit
voici la parole nue le vin et le nectar
qui sortent d'une goutte de vitriol
et ensevelissent le généreux foyer du crabe
ils peaufinent l'arrière-pays d'un mental
enclos dans son silence
et ne se ramassent qu'au dernier tournis
du soleil
qui étale son écume de fer-rouge
sur les bouses de midi

....

voyageurs qui passez sous l'embellie de la pierre
je revendique le titre foncier
du continent de ma parole native
ses viscères bafouées
ses globules diamantins affaiblis
ses pans de boyaux mis à la proue du néant
ses muscles d'archet basculés
jusqu'à la lisière du silence
ô pays de silence né aux confins de la douleur
c'est la fin du jour et je veille debout
ici gît le proème de bière flamme tiède
qui n'oublie pas ses origines lointaines
ici s'installe l'arène éclaboussée d'un mitan
en sursis dans le bol de ma gorge
et qui surveille les rêves de ses enfants

....

et pourtant je hais les reliefs de cette ville océane
telle une mégère arquée sur son abîme
quand ceux qui lèvent une palme de sang
trafiquent trafiquent l'humanité
pour mourir un matin
comme un pleur d'orpailleur
au large d'une terre inconnue
quand ceux qui ont mérité ma voix
écrasent l'innocence verte de l'ombre
je sais maintenant le désir qui condamne
le vice qu'il faille en compagnie de la vertu
je sais maintenant le fœtus
qui baptise la terre
et ni toi arbre aryen et blanc
ni tes feuilles fébriles au vent
ne pourra cicatriser ce conte du présent affolé
ni la blessure de ce mythe aimant
quand on s'éprend
d'une écume pétillante de sourire

....

je raffûte le cristal et le mandarin
qui ronge le sang violacé des racines
et détourne la chair des fruits amers
ma nausée sourit à son geste de suède
et à contrepoint de sa sueur de séide
je décolle avec le parti pris des choses
et la mer orageuse des stèles d'avenir
je me meus dans les voix du silence
car je viens de ces dernières forêts
qui s'évaluent dans le désert de l'espace
la main sur la détente de mon cœur
je viens de ces derniers champs aurifères
où le paradis n'est plus qu'un souvenir fugace
une poussière de néant
semblable aux gibets d'un rêve avorté
je viens de ces dernières contrées
où l'on n'ose pas regarder
les étoiles dans leur fétus
je viens de ces terres de sable naufragé
où l'olivier perd son ombre à jamais
pour se cacher à la lame de l'osmose

....

j'annonce le temps l'immense fête du monde
ouverte dans le dialogue des mots
ces mots qui exhalent dans le vent
l'odeur des orages
j'annonce l'encensoir des langues
livrées aux noces sonores
et qui se délient dans la plus grande fluidité
pour nous tendre l'oreiller d'un soleil nouveau
or c'est le coït de l'huile et de l'eau
le jeu de croquet à satiété
dans la matière friable du silence
qui empeste le souvenir de ce pays
au large du néant au seuil du cri

....

je crèche au milieu de baraques

aux regards mornes abritant mites

j'habite des futaies fugaces d'ermites

d'hommes et de rues mal famées

je mendie chaque soir

par les entrailles de la misère

qui étale sa verte dorure dans les périphéries

je vois des folies mal lunées

sur le ventre sacré de la nuit

comme l'effraie de ce qui se tait dans l'humain

j'azure des lampions mort-nés

à la lisière de l'extinction du soleil

je narre l'aube du monde aux sapins

mais toi tu es encore là

dans les frontières de ta tour d'ivoire

dans le cimetière de ta voix

à l'écoute d'un fleuve détourné

tu te promènes jusant dans l'obscurité du jour

comme ce chien galeux

qui erre dans le vase muet de la terre

....

à Arsène EDEHOU.

il y a dans la suture de cette nuit nervurée
qui se brosse avec le gris d'harmattan
un rythme pantelant du jour qui vient en amont
comme un ulcère en suspens
dans ma nuée de nodosités
or je renie l'ubiquité du maquis
qui fauche le songe d'un lémure
autant je rince le nanisme
de mes mains ductiles qui s'arcboutent
contre l'hydre mutilée de l'horizon
pour désosser ma parole ceinte
autant je raye le chant des faisans
qui emmaillote la genèse de cette hernie
juguler le débordement du vase herniaire
dans le rac de nos silences portatifs
car il y a un rythme pantelant
qui ne trompe pas l'aurore
dans la suture de cette nuit nervurée
qui se brosse avec le gris d'harmattan

A propos de l'auteur

Grégoire Folly est né dans les entrailles enchanteresses de Grand-popo, au Bénin où il vit. Passionné d'écriture, sa poésie, empreinte d'accents lyriques, nous convie à une immersion dans les sinuosités d'une conscience non-autotélique, et témoigne d'un enfoui viscéralement ancré dans le quotidien des peuples. Il est actuellement en fin de formation à l'Ecole Normale Supérieure de Porto-Novo.

Page web: www.livres.us

Contact: folly@livres.us

Eclats de Silence - Grégoire Folly - www.livres.us

Autres Auteurs chez Solara Editions

1000 Héros Africains (Non-fiction)

Belles Poésies de Cœur et de Corps (Poésie)

Coming Back (Poésie)

Essais sur le Bénin (Non-fiction)

L'Evangile Pratique (Non-fiction)

Légendes Inédites d'Afrique (Contes)

Le Manuel du Milliardaire (Non-fiction)

Nude and Alive (Livre d'Art)

Pensées Profondes (Poésie)

Perles et Pensées (Poésie)

Poisonous Snakes in Benin (Non-fiction)

Reconnaissance (Poésie)

Red Blue and Green (Livre d'Art)

Testament Spirituel de SBJ Oschoffa (Non-fiction)

Vie des Etudiants Africains en URSS (Non-fiction)

Page web: www.livres.us
Contact: editeur@livres.us
Facebook: @ArtLit7
Twitter: @AfroBooks

www.ingramcontent.com/pod-product-compliance
Lightning Source LLC
Chambersburg PA
CBHW021341090426
42742CB00008B/682